Richard Wagner

Siegfried

Partitura

Könemann Music Budapest

K 1015

Zweiter Tag:

Siegfried

PERSONEN

Siegfried .... *Tenor*

Mime .... *Tenor*

Der Wanderer .... *Bass*

Alberich .... *Bass*

Fafner .... *Bass*

Erda .... *Alt*

Brünnhilde .... *Sopran*

INDEX

ERSTER AUFZUG

ZWEITER AUFZUG

DRITTER AUFZUG

Siegfried

ERSTER AUFZUG

Vorspiel und erste Scene

Richard Wagner

Sogleich das erste Zeitmaass.

Sogleich das erste Zeitmaass.

Sogleich das erste Zeitmaass.

schmeisst es entzwei und schmählt doch, schmied' ich ihm nicht!

dung, mit einem silbernen Horn an einer Kette, kommt mit jähem Ungestüm aus dem Walde herein; er hat einen grossen Bären mit einem Bastseile gezäumt, und treibt diesen mit lustigem Übermuthe gegen MIME an.)

Hoi. ho! Hoi. ho! Hau' ein! hau'ein!

schmeid, den al . ten al . bernen Alp! Des Aer . . . . gers dann hätt' ich ein End'!

sich wüthend auf eine Steinbank. MIME ist ihm immer vorsichtig ausgewichen.)

Nun

K 1015

51

SIEGFRIED.

Schwert?   Aus dem Wald fort in die Welt zieh'n: nimmer kehr' ich zu - rück!   Wie ich froh bin, dass ich

frei ward,   nichts mich bin - det und zwingt!   Mein Va - ter bist du nicht;   in der Fer - ne bin ich heim;   dein

Schwer und zurückhaltend.

72　　　　　　　　　　　　　　　　　　　　　　　　　　　　K 1015

Wo - tan's Speer es zer.sprang. Nun ver.wahrt die Stücken ein wei.ser Schmied, denn er weiss, dass allein mit dem

Wo - tans - Schwert ein küh.nes, dum.mes Kind, Sieg.fried, den Wurm ver.sehrt.

Be. halt' ich Zwerg auch zwei . tens mein

82

K 1015

Dritte Scene.

was flimmert und schwirrt,   was schwebt dort und weht,   und wa-bert umher?

Dort glimmert's   und glitzt's in der Son - ne

K 1015

schwindet der Stahl, doch wird ihm nicht schwül!

(SIEGFRIED hat das Herdfeuer zur hellsten Gluth angefacht.)

Nun ward ich so alt, wie Höl' und Wald, und hab' nicht so 'was ge-seh'n!

126

130

SIEGF. (der die Blasebälge wieder mächtig anzieht.)

Nun schwit — ze noch ein — — mal, dass ich dich schweis — se!

MIME. (MIME ist vergnügt aufgesprungen, er holt verschiedene Gefässe hervor, schüttet aus ihnen Gewürz und Kräuter in einen Koch-topf, und sucht diesen auf dem Herde anzubringen.)

war . me lecktest du kühl! Hei.aho! Ha.ha! Ha . hei . a . ha!_____ Nun hat die

Gluth dich roth ge.glüht; deine wei . che Här . tedem Hammer weicht: zor . nig sprüh'st du mir Fun . ken, dass ich dich Spröde ngc.

146

Schmiede, mein Hammer, ein har_tes Schwert!   Hoho! Ha_hei!   Hoho! Ha_hei!

Der fro_hen Funken wie freu' ich mich,   es ziert den Küh_nen des Zor_nes Kraft: Lus_tig lach'st du mich an,

Viertaktig. Sehr schnell und noch mehr beschleunigend.
2 kl. Fl.
2 gr. Fl.
Hob.
(zu 2)
Clar.
(1. u. 2.)
(3.)
Engl. Hr.
Bssclar.
Fag.
(zu 2)
(zu 4) (verdoppelt)
8 Hörn.
(zu 4) (verdoppelt)
1. u. 2.
Tromp.
3.
(in D)
(in D)
Bsstrp.
3 Pos.
CB. Pos.
Viertaktig. Sehr schnell und noch mehr beschleunigend.
Viol.
Br.
SIEGF.
Schau,
Mi - me,
du
Schmied: _
(Er holt mit dem Schwerte aus.)
So
schneidet
Sieg -
frieds
MIME.
Vc.
CB.

So schnell wie möglich.

(Er schlägt auf den Ambos, welchen er, von oben bis unten in zwei Stücken zerspaltet, so dass er unter grossem Gepolter auseinander fällt. MIME, welcher in höchster Verzückung sich auf einen Schemel geschwungen hatte, fällt vor Schreck sitzlings zu Boden. SIEGFRIED hält jauchzend das Schwert in die Höhe.)

(Der Vorhang fällt.)

Ende des 1ter Aktes.

ZWEITER AUFZUG.
Vorspiel und erste Scene.

K 1015

K 1015

Cl. **Erstes Zeitmaass.**

(Der Vorhang geht auf. — *Tiefer Wald. Ganz im Hintergrunde die Oeffnung einer Höle. Der Boden hebt sich bis zur Mitte der Bühne, wo er eine kleine Hochebene bildet; von da senkt er sich nach hinten, der Höle zu, wieder abwärts, so dass von dieser nur der obere Theil der Oeffnung dem Zuschauer sichtbar ist. Links gewahrt man durch Waldbäume eine zerklüftete Felsenwand. — Finstere Nacht, am dichtesten über dem Hintergrunde, wo anfänglich der Blick des Zuschauers gar nichts zu unterscheiden vermag. — ALBERICH, an der Felsenwand gelagert, in düsterem Brüten.*)

Etwas belebend.

ALBERICH.

In Wald und Nacht vor Neidhöl' halt' ich Wacht: es lauscht mein Ohr,

Müh' voll lugt mein Aug:

Banger Tag, beb'st du schon auf?

Etwas belebt.

Etwas belebt.

Däm.merst du dort durch das Dun.kel auf?

(Aus dem Walde von rechts erhebt sich Sturmwind; ein bläulicher Glanz leuch.tet von eben daher.)

Welcher Glanz glitzert dort auf?   Nä . her schimert ein heller Schein:

176

K 1015

194

Zweite Scene.

Liebster, lern'st du heut' und hier das Fürchten nicht, an andren Ort, zu andrer Zeit, schwerlich erfähr'st du's je.— Siehst du

dort den dunkeln Höllenschlund? Da rin wohnt ein gräulich wil der Wurm: unmassen grimmig ist er und gross,

K 1015

Wart' es nur ab! Was ich dir sa - ge, dünke dich tauber Schall: ihn selber musst du hören und sehn, die

Sin - ne vergeh'n dir dann schon. Wann dein Blick verschwimmt, der Boden dir schwankt im Bu - sen, bang dein Herz er-

SIEGF. (*SIEGFRIED lauscht mit wachsender Theilnahme einem Waldvogel in den Zweigen über ihm.*)

Du hol.des Vöglein, dich hört'ich nochnie: bist du im

216

218

Mässig langsam.

★) Der Leib des Riesenwurm's wird durch eine bekleidete Maschine dargestellt: als diese zur Höhe gelängt ist, wird daselbst eine Versenkung geöffnet, aus welcher der Sänger des Fafner durch ein, dem Rachen des Ungeheuers von innen her zugeführtes Sprachrohr, das Folgende singt.)

224

(SIEGFRIED, welchen FAFNER fast erreicht hat, springt mit einem Satze über diesen hinweg, und verwundet ihn in dem Schweife.)

(FAFNER brüllt, zieht den Schweif heftig zurück,

und bäumt den Vorderleib, um mit dessen voller Wucht sich auf *SIEGFRIED* zu werfen; so bietet er diesem die Brust dar; *SIEGFRIED*
erspäht schnell die Stelle des Herzens, und stösst sein Schwert bis an das Heft hinein. *FAFNER* bäumt sich vor Schmerz noch höher,

*) (Die Maschine, welche den Wurm darstellt, ist während des Kampfes etwas weiter in den Vordergrund gerückt worden; jetzt ist unter ihr eine neue Versenkung geöffnet, aus welcher der Sänger des Fafner durch ein Schwächeres Sprachrohr singt.)

Etwas zurückhaltend.   Voriges Zeitmaass.

Umverfluchtes Gold,   vonGöttern ver.gabt,   traf ich   Fa.solt   zu todt: der nun alsWurm

denHort bewach.te,   Fafner, den letz.ten   Rie.sen,—   fäll..te ein ro..si.ger   Held!

*) Von einer Knabenstimme zu singen

✱) (Die vorangehenden **9** Achtel sollen als **3** Triolen auf die ersten zwei Drittheile des Taktes in der Weise genommen werden, dass der Gesang mit der letzten Note des Taktes jedesmal genau auf das dritte Theil desselben fällt; ebenso gilt diess bei dem folgendem **4/4** Takt, wo die **3** ersten Viertel als Triolen zu zwei ersten Takttheilen des begleitenden **9/8** stimmen sollen.)

Dritte Scene.

Schnell und drängend. (Dreitaktiger Rhythmos.)

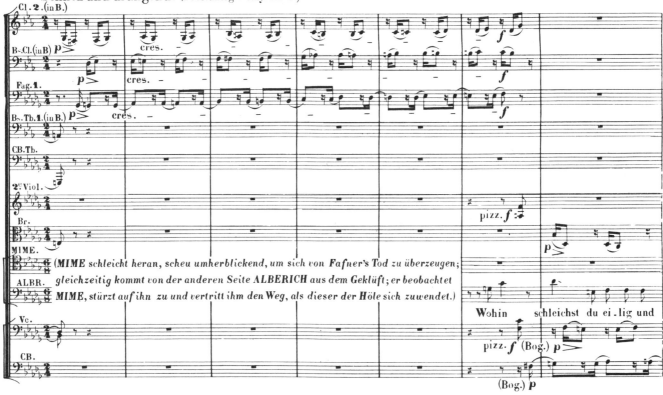

Ich zog ihn auf; für die Zucht zahlt er mir nun: für Müh' und Last er lauert' ich lang meinen Lohn.

Für des Knaben Zucht will der

knickrige, schäbige Knecht keck und kühn wohl gar Kö - nig nun sein? Dem räudigsten Hund wä - re der Ring ge -

254

stracks streck'st du die Glieder Lieg'st du nun da, leicht könnt' ich die Beu - te nehmen und bergen: doch er - wach - test du

je, nirgends wär'ich sicher vor dir, hätt'ich selbst auch den Ring. D'rum mit dem Schwert, das so scharf du schuf'st,

Allmählich wieder belebter.

MIME. *(Mit dem Ausdruck herzlicher Besorgtheit für SIEGFRIEDS Gesundheit.)*
Denn hasste ich dich auch nicht so sehr, und hätt' ich des Schimpf's und der schändlichen Mühe auch nicht so viel zu

MIME. *(Sanft.)* ... *(wieder Scherzend.)*
rächen; aus dem Wege dich zu räumen darf ich doch nicht rasten: wie käm' ich sonst anders zur Beute, da Alberich auch nach ihr

MIME. *(Er giesst den Saft in das Trinkhorn, und führt dieses SIEGFRIED mit aufdringlicher Gebärde zu.)*
lugt?
Nun, mein Wälsung! Wolfssohn du!

Mässig.

(Er läuft dem Vogel, welcher ihn neckend einige Zeit lang unstät nach verschiedenen Richtungen hinleitet, nach, und nach!

276

folgt ihm endlich, als dieser mit einer bestimmten Wendung nach dem Hintergrunde, davon fliegt.)

K 1015

278

1kl. Fl.
3gr. Fl.
(immer ff)
3 Hob.
3 Cl.
Engl. Hr.
2 Tromp.
6 Hör.
3 Fag.
4 Pos.
Pk. (H u. E)
piu f
Viol.
(stacc.)
Br.
Vc.
CB.

Ende des 2ten Aktes.

DRITTER AUFZUG.

Vorspiel und erste Scene.

282

284

Donnermaschine (auf dem Theater.)   (Hier geht der Vorhang auf.)

288

K 1015

Erste Scene. *(Wilde Gegend am Fusse eines Felsenberges, welcher nach links hin steil aufsteigt. — Nacht. Sturm und Wetter. Blitz und heftiger Donner, welcher letztere dann schweigt, während Blitze noch längere Zeit die Wolken durchkreuzen. —)*
(Hier tritt der WANDERER auf.)

WANDERER.

(Er schreitet entschlossen auf ein gruftähnliches Hölenthor in einem Felsen des Vorder-
grundes zu, und nimmt dort, auf seinen Speer gestützt, eine Stellung ein, während er
das Folgende dem Eingange der Höle zuruft.)

Wa - che, Wa-la!

Wa_la! Er_wach'! Aus lan_gem Schlaf weck' ich dich Schlummernde auf. Ich ru_fe dich auf:

sin _ nendem Schlafe weck' ichdich auf! All _ wis _ sende! Ur _ welt _ wei _ se! Er _ da! Er _ da!

K 1015

Bedeutend langsamer.
ritard.
Fl.
Hob.
Engl. Hr.
Clar.
mit Dämpfer.
Hörn. più f
Bss.Cl. più f
Fag.
Trmp.
Bsstrp.
1u. 2
(zus.)
ff (marc.)
Pos.
CB. Pos.
Tub.
CB. Tub.
(in Cis)
gedämpft.
Pk. I. II.
(in A)
(gedpft.)
(geth:)
(mit Dämpf.)
Viol.
pizz.
Br.
ERDA.
WANDR.
(Die Hölengruft erdämmert. Bläulicher Lichtschein: von ihm beleuchtet steigt mit dem Folgenden ERDA sehr allmählich aus der Tiefe auf. Sie erscheint wie von Reif bedeckt; Haar und Gewand werfen einen glitzernden Schein von sich.)
che!
Stark ruft das Lied;
Vc.
CB.

WANDR. Rathes, er . rang ___ den Nib . lun . gen . ring. Lie . bes .

weicht in Won - ne der Gott. Hinab denn, Er - da! Ur - müt-ter-furcht! Ur - sor - ge! Hinab! Hin

320　　　　　　　　　　　　　　　　　　　　　　　　K 1015

(SIEGFRIED'S Waldvogel flattert dem Vordergrunde zu.)

Wieder zurückhaltend.

(Plötzlich hält der Vogel in seiner Richtung ein, flattert ängstlich hin und her, und verschwindet hastig dem Hintergrunde zu.)

(SIEGFRIED tritt auf, und hält an.)

Mein Vöglein schwebte mir

Wie sieh'st du denn aus? Was hast du gar für 'nen gros sen Hut? Warum hängt er dir so in's Ge sicht?

(SIEGFRIED immer näher ihn betrachtend.)

Doch darun.ter fehlt dir ein Au.ge?

(immer ohne seine Stellung zu verlassen.)

Das ist so Wandrer's Wei.se, wenn dem Wind entgegen er.geht.

(SIEGFRIED setzt sein Horn an, und stürzt sich in das wogende Feuer, welches sich, von der Höhe herabdringend, nun auch über den Vordergrund ausbreitet.)

*) Unter diesen 4 Hörnern sind das 5e 6e 7e u. 8e gemeint, welche von den 4 Tubisten geblasen werden, da für diese Stelle jedoch eine besondere Höhe verlangt wird, ist zu empfehlen, dass 2 der Bläser ihre Stimmen mit denen des 1en und 3en Hornisten austauschen.

(SIEGFRIED, den man bald nicht mehr erblickt, scheint sich nach der Höhe zu entfernen.)

*) Von hier an sind die Stimmen wieder auszuwechseln; die oberen 4 Hörner sind das 5⁰ 6⁰ 7⁰ und 8⁰.

352

356

Dritte Scene.

(*Das immer zarter gewordene Gewölk hat sich in einen feinen Nebelschleier von rosiger Färbung aufgelöst, und zertheilt sich nun in der Weise, dass der Duft sich gänzlich nach oben verzieht, und doch endlich nur noch den heitren blauen Tageshimmel erblicken lässt, während am Saume der nun sichtbar werdenden Felsenhöhe (ganz die gleiche Scene wie im 3ten Akte der „Walküre") ein morgenröthlicher Nebelschleier haften bleibt, welcher zugleich an die in der Tiefe noch lodernde Zauberlohe erinnert. — Die Anordnung der Scene ist durchaus dieselbe wie am Schlusse der „Walküre": im Vordergrunde, unter der breitästigen Tanne, liegt BRÜNNHILDE, in vollständiger glänzender Panzerrüstung, mit dem Helm auf dem Haupte, den langen Schild über sich gedeckt, in tiefem Schlafe.*)

Sehr mässig.

Immer langsamer.

SIEGFRIED gelangt von Aussen her auf den felsigen Saum der Höhe, und zeigt sich dort zuerst nur mit dem Oberleibe: so blickt er lange staunend um sich.)

Se - - li - ge Oe - de auf won - ni - ger

(Er steigt vollends ganz herauf, und betrachtet, auf einem Felsensteine des hinteren Abhanges stehend, mit Verwunderung die Scene.)

Höh'!

(*SIEGFRIED zieht sein Schwert, durchschneidet mit zarter Vorsicht die Panzerringe zu beiden Seiten der Rüstung, und hebt dann die Brünne und die Schienen ab, so dass nun BRÜNNHILDE in einem weichen weiblichen Gewande vor ihm liegt.*)

Sehr lebhaft.

Brennender Zau .. ber zückt mir in's Herz; feurige Angst fasst meine Augen: mir

Sehr bewegt.

schwankt und schwin - delt der Sinn. (Er geräth in höchste Beklemmung.) Wen ruf ich zum Heil, dass er mir

hel . fe? Mut . ter! Mut . ter! Ge - den - ke mein! (Er sinkt, wie ohnmächtig.

K 1015

K 1015

sehr zurückhaltend. Sehr langsam.
Fl.
Hob.
Cl.
Engl. Hr.
Hr.
Bs. Cl.
Fag.
Tromp.
4 Pos.
CB. Tub.
Pauk.
3 Harfen.
3 Harfen.
sehr zurückhaltend. Sehr langsam
Viol.
Br.
BRÜNNH
(richtet sich langsam zum Sitzen auf.)
(Sie begrüsst mit feierlichen Gebärden der erhobenen Arme
Vc.
CB.
(Bog.) molto cres.

Etwas weniger breit.

(erste Harfe.)

Etwas weniger breit.

Lang war mein Schlaf; ich bin er wacht:

382

K 1015

386

396

Sehr ruhig und mässig bewegt.

(BRÜNNHILDE'S Miene verräth, dass ihr ein anmuthiges Bild vor die Seele tritt, von welchem ab sie den Blick mit Sanftmuth wieder auf SIEGFRIED richtet.)

a tempo.

BRÜNNH.
E - wig war ich, e - wig bin ich, e - wig in süss - sch - nender Wonne, doch e - wig zu deinem

BRÜNNH. (feurig, doch zart)
Heil! - O Sieg - fried, Herr - li - cher! Hort - der Welt! Le - ben der Er - de, la - chender

BRÜNNH.
Held! Lass', ach, lass'! Las - se von mir! Na - he mir nicht mit der wü - thenden Nä - he, zwinge mich nicht mit dem brechenden

416

Etwas breit.

Wo - gen mich se - lig verschlängen, mein Seh - nen schwand' in der Fluth!

Er - wa - - che, Brünn - hil - de!

K 1015

436

This publication is a reprint of an early edition.

K 1015

██████████ Könemann Music Budapest Kft.
H–1137 Budapest, Szent István park 3.

Distributed worldwide by
Könemann Verlagsgesellschaft mbH. · Bonner Str. 126.
D–50968 Köln

Responsible editor: Tamás Zászkaliczky
Production: Detlev Schaper
Cover design: Peter Feierabend
Technical editor: Dezső Varga

Printed by: Kner Printing House Gyula
Printed in Hungary

ISBN 963 8303 59 X